초등학교

생활
중국어

초등학교 생활 중국어 1

지은이 김지선, 조한나, 권승숙
펴낸이 임상진
펴낸곳 (주)넥서스

초판 1쇄 발행 2020년 2월 10일
초판 3쇄 발행 2023년 4월 15일

출판신고 1992년 4월 3일 제311-2002-2호
주소 10880 경기도 파주시 지목로 5
전화 (02)330-5500 팩스 (02)330-5555

ISBN 979-11-6165-848-3 64720
       979-11-6165-847-6 (세트)

www.nexusbook.com

시작부터 특별한 어린이 중국어 학습 프로그램

초등학교

생활
중국어

김지선·조한나·권승숙 지음
한국중국어교육개발원 감수

1

넥서스 CHINESE

세계의 인구는 약 77억 명 정도라고 합니다. 그중에 중국어를 사용하는 사람이 약 15억 명으로, 즉 세계 인구의 1/5 정도가 중국어를 사용하고 있습니다. 우리 어린이들이 중국어를 배우면 지구상에서 만나는 사람들 5명 중의 1명과 소통할 수 있다는 뜻입니다.

집필진 선생님들께서는 동산초등학교가 중국어를 가르치기 시작한 2007년부터 현재까지 꾸준히 근무하시면서 어린이들이 배우기 쉽고 흥미 있는 교재를 찾기 위하여 새 학년도마다 늘 고민을 하셨습니다. 그러면서 다년간 현장에서 직접 어린이들과 부딪치며 느꼈던 교재의 아쉬움을 직접 해결해 보고자 이번에 『초등학교 생활 중국어』 교재 집필에 참여하셨습니다.

이 교재는 우리 동산 어린이들뿐만 아니라 중국어를 처음 배우기 시작하는 모든 어린이에게 쉽고 재미있게 중국어를 배울 수 있는 교재가 될 것이라고 확신합니다. 학교 현장 수업에 적합한 새로운 구성과 창의적인 내용으로 아이들이 흥미롭게 중국어를 배울 수 있는 교재입니다. 동산초등학교 어린이들뿐만 아니라 우리나라 모든 어린이가 글로벌 인재로 성장할 기회를 열어 주는 교재가 되기를 응원합니다.

동산초등학교 신상수 교장선생님

✿ ✿ ✿

저는 저자가 이 교재를 만드는 것을 그동안 옆에서 지켜보았습니다. 어떻게 하면 아이들이 쉽고 즐겁게 중국어를 공부할 수 있을까 하고 고민하던 많은 시간이 결국 집필이라는 인고의 시간을 통해 이처럼 배움의 꽃으로 승화했습니다. 저는 이 교과서가 아이들의 중국어 능력 향상에 크게 기여하리라 믿어 의심치 않으며, 또한 이 교재를 통하여 아이들에게 즐겁고 행복한 배움이 있기를 기원합니다.

토평중학교 심정옥 교장선생님

　　박용호 선생님이 집필 책임을 맡고 뛰어난 집필진, 연구진이 한 팀이 되어 만들어 낸 『초등학교 생활 중국어』 시리즈는 어린 학생들의 인지적 능력 발달의 특징과 학생들의 흥미를 고려하여 학습 내용 및 연습문제를 매우 잘 설계하였습니다. 내용적인 특징을 살펴보니, 첫째는 어린 학생들에게 익숙한 상황을 학습 내용에 잘 반영하였으며, 둘째는 가르치는 내용이 풍부하고, 다양한 활동을 담아 학생들이 참여를 통하여 쉽게 학습 내용을 익힐 수 있도록 하였고, 활동 소재의 선택과 설계는 초등학생의 특성을 잘 반영하고 있습니다.

북경외국어대학교 중문대학장 Zhang Xiaohui

✿ ✿ ✿

　　다년간 중국어 국제 교육과 한중 문화 교육 교류에 힘써 온 박용호 선생님이 주도하여 만드는 『초등학교 생활 중국어』 시리즈는 다년간의 중국어 교육 이론과 교학 방법 및 교학 모형 연구의 중요한 성과물이 될 것입니다. 이것은 한국의 어린이 중국어 교재 출판 영역에 있어서의 중요한 성과이며, 차후 한중 양국의 인문 교류에도 공헌하게 될 것입니다.

중국국립우한대학교 국제교육대학장 Hu Yanchu

✿ ✿ ✿

　　지금까지 한국에서 출간된, 초등학생의 단계에 알맞는 중국어 교재를 찾기란 쉽지 않습니다. 『초등학교 생활 중국어』는 한국중국어교육개발원의 대표인 박용호 선생님을 중심으로 많은 국내외 중국어 선생님들이 힘을 합쳐 그들의 다년간의 경험을 담아 내어 집필되는 첫 번째 어린이 중국어 교재가 아닌가 생각합니다. 『초등학교 생활 중국어』는 한국 교육부의 초중고 중국어 교육과정을 참고하였고, 어휘면에서는 HSK 1~3급을 참고하여 실용성과 생동감, 재미가 일체가 되어 집필되었습니다. 이제 초등학교 수준의 어린이들에게 적합한 교재가 나왔다고 할 수 있습니다.

한국외국어대학교 공자아카데미원장 Miao Chunmei

이 교재는 재미있는 문화 지식, 효과적인 언어 재료, 효율적인 교사와 학생의 활동 등이 풍부합니다. 아마도 중국어 교사라면 즐거운 마음으로 이 교재를 선택할 것입니다. 한국의 어린 학생들이 이 교재를 통하여 많은 것을 얻을 수 있기를 바랍니다.

북경어언대학교 한어대학 교수 YangJie

✽ ✽ ✽

오랫동안 한국의 중국어 교육 발전을 위해 노력해 온 박용호 선생님은 그동안 한중 양국의 교육 문화계에 중요한 영향을 끼쳤습니다. 이번에 그가 조직하여 출판하는『초등학교 생활 중국어』는 다년간의 교육 경험, 교육 방법 교학 연구의 중요한 성과가 아닌가 생각합니다. 이것은 한국의 어린이 중국어 교재 출판에서의 신기원일 뿐 아니라, 중국 출판계에 끼치는 영향도 지대할 것입니다.

상해교통대학출판사 총경리 Li Miao

✽ ✽ ✽

이번『초등학교 생활 중국어』의 출판은 오랜 기간 한국의 중국어 교사를 대표했던 박용호 선생님을 중심으로 다년간 초등 교육에 전념한 현직 선생님들이 집필에 직접 참여하여 쓰여졌습니다. 이 교재는 초등학교 학생 수준에 맞추어 생동감 있는 내용으로 재미있게 쓰여져 초등학생의 학습 흥미와 상상력을 일깨울 것입니다.

중국절강출판연합집단 동경지사 사장 Quan Guangri

머리말

초등학교 중국어의 세계에 들어오신 것을 환영합니다. 우리는 왜 중국어를 공부해야 할까요? 어떤 사람들은 한자와 발음 때문에 중국어가 배우기 어렵다고들 합니다. 하지만 과학적 연구 결과에 의하면, 중국어를 공부하면 인간의 좌뇌와 우뇌를 고르게 사용하게 되기 때문에, 수학, 과학, 외국어, 인문학 등 다른 영역을 공부하는 데 있어서 매우 긍정적인 영향을 끼친다고 합니다. 그래서 중국어를 공부해야 합니다. 굳이 이웃 나라 중국의 중요성에 대해서 언급하지 않더라도 말이죠. 어린이는 우리의 미래입니다. 그리고 우리 어린이들이 중국어를 공부한다는 것은 자신의 미래를 준비하는 가장 훌륭한 선택이 될 것입니다.

이 책은 다음의 기준으로 집필되었습니다.

1 초등학교 중국어 교과서를 지향합니다. 현재 초등학교에는 중국어가 정규 교육과정에 들어가 있지 않습니다. 그러나 이 교재는 현행 중·고등학교 중국어 교육과정을 적극 참고하여, 우리가 초등학교 교과서를 만든다는 마음가짐으로 집필하였습니다.

2 초등학교 중국어 선생님들이 집필하였습니다. 오랜 시간 초등학교에서 정규과목으로 중국어를 가르쳐 온 선생님들이 직접 교재를 만들면서 그동안 현장에서 쌓은 경험과 노하우를 고스란히 담았습니다.

3 뚜렷한 기준으로 집필되었습니다. 기준 어휘는 교육부가 선정한 중·고등학교 교육과정의 880개 어휘와 의사소통 기본 표현과 문화 부분을 참고하였습니다. 또한 HSK 1~3급의 어휘 600개를 참고하였습니다. 그리고 일주일에 한 시간 기준으로 1년에 1권씩 총 6권으로 기획되었고, 수준에 따라 낱권으로도 사용할 수 있도록 설계하였습니다.

4 관련 분야 전문가의 공동 작업을 실현하였습니다. 우수한 집필진은 물론이고, 그 이상의 다양한 경험과 능력을 보유한 연구진 선생님들이 교재 개발에 참여하였습니다. 또한 중국 교육부에서 파견한 원어민 교사(CPIK) 선생님들 중에서도 여러 분이 연구, 검토 및 교정에 참여해 주셨습니다.

이 교재를 통하여 어린이 여러분들이 교실에서 선생님과 함께, 혹은 가정에서 부모님과 함께 중국어를 즐겁게 공부할 수 있기를 기대합니다. 출판을 허락해 주신 넥서스 신옥희 전무님께 감사드리고, 편집의 틀을 잡아 주신 조유경 과장님, 그리고 최고의 편집자 권근희 부장님께도 감사의 말씀을 전합니다. 끝으로 우리 어린이들이 세계와 소통하는 국제인으로서 배려와 나눔을 실천하는, 더불어 사는 사람으로 성장해 주길 소망합니다.

초등학교 생활 중국어 편찬위원회

구성과 특징

네 컷 만화로 중국 문화도
배울 수 있어요!

미리 살펴봐요!

Cāi yi cāi
배울 내용을 생각해 봐요

해당 단원에서 학습할 내용을 네 컷 만화로
재미있게 구성하였습니다. 재미있게 중국어를
시작해 볼까요?

MP3를 들으며 주제별
단어를 따라 써 보세요!

단어를 익혀요!

❶ yī 일(1), 하나   ❷ e
❺ wǔ 오(5), 다섯   ❻ li
❾ jiǔ 구(9), 아홉   ❿

첫 번째 시간

Dú yi dú
따라 읽어 봐요

단어를 성모, 운모, 성조에 유의하여
정확한 발음으로 연습해 보세요!

본문의 주요 단어(주제별)를 그림과 함께 미리 익힐 수 있도록 하였습니다.
원어민의 정확한 발음을 들으며 따라 써 보면 실력이 쑥쑥 올라갑니다.

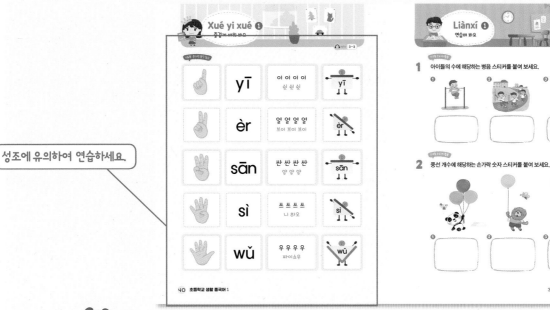

Xué yi xué
즐겁게 배워 봐요

성조에 유의하여 연습하세요.

중국어의 어려운 성조를 성조 캐릭터로 제시하여
눈으로 한 번 더 익힐 수 있도록 구성하였습니다.

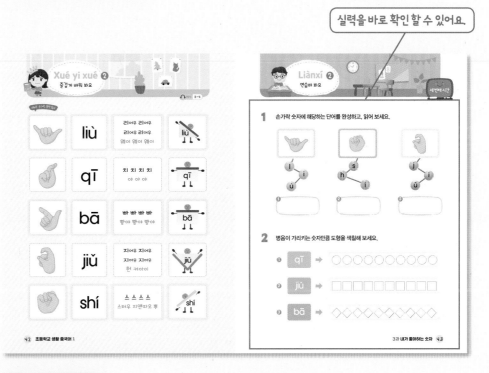

실력을 바로 확인할 수 있어요.

Liànxí
연습해 봐요

혼자서도 쉽게 풀 수 있는 문제로 구성하였습니다.
'즐겁게 배워 봐요'를 배우고 바로 실력을 확인하면 좋습니다.

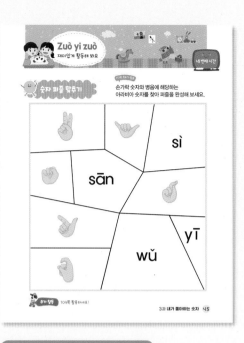

 네 번째 시간

Chàng yi chàng
신나게 불러 봐요

원어민의 정확한 발음을 들으며 따라 불러 봅니다.
여러 번 반복해서 불러 보면 좋습니다.

Zuò yi zuò
재미있게 활동해 봐요

게임, 퍼즐, 스티커 붙이기 등 다양한 활동을 통해
앞에서 배운 내용을 복습할 수 있도록 구성하였습니다.

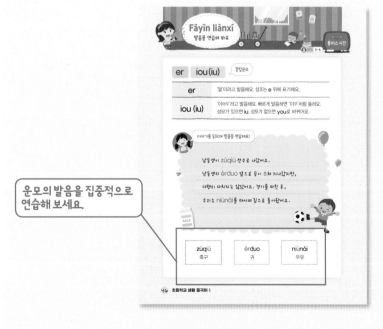

운모의 발음을 집중적으로
연습해 보세요

 플러스 시간

Fāyīn liànxí
발음을 연습해 봐요

재미있는 스토리와 함께 발음을 연습할 수
있도록 하였습니다. 성조에 주의하며 정확한
발음으로 따라 해 보세요.

┃┃┃ 부가 자료 소개

⭐ 무료 다운로드 방법

넥서스 홈페이지(nexusbook.com) ➡ 도서명 검색 ➡ MP3 / 부가 자료 다운로드

1 MP3 음원

중국 원어민이 녹음한 음원을
들으며 연습할 수 있습니다.

2 단어 암기 동영상

단어도 이제는 영상으로 공부!
지루하지 않게 암기할 수 있습니다.

3 한어병음 결합표

b+ai

한어병음을 한눈에!
벽에 붙여 놓고 외우면 끝입니다.

4 단어장

언제 어디서든 간편하게
휴대하며 외울 수 있습니다.

5 간화자 쓰기 노트

国

본문에 나온 단어의 기본 글자를
획순과 함께 익힙니다.

QR 코드로 간편하게 MP3 듣기

스마트폰으로
QR코드를 스캔하세요!

차례

1과 이웃 나라 **중국**   17

2과 알고 보면 쉬운 **중국어 발음**   27

3과 내가 좋아하는 **숫자**   37

4과 행복한 우리 가족   47

5과 빨주노초파남보 **무지개 색깔**   57

6과 새콤달콤 맛있는 과일   67

7과 귀여운 동물   77

8과 소중한 **나의 몸**   87

• 정답   98
• 학습 활동 자료   109

단어 한눈에 보기

3과

yī 일(1), 하나 HSK 1급
èr 이(2), 둘 HSK 1급
sān 삼(3), 셋 HSK 1급
sì 사(4), 넷 HSK 1급
wǔ 오(5), 다섯 HSK 1급
liù 육(6), 여섯 HSK 1급
qī 칠(7), 일곱 HSK 1급
bā 팔(8), 여덟 HSK 1급
jiǔ 구(9), 아홉 HSK 1급
shí 십(10), 열 HSK 1급

4과

yéye 할아버지 HSK 3급
nǎinai 할머니 HSK 3급
bàba 아빠 HSK 1급
māma 엄마 HSK 1급
gēge 형, 오빠 HSK 2급
jiějie 누나, 언니 HSK 2급
dìdi 남동생 HSK 2급
mèimei 여동생 HSK 2급

5과

hóngsè 빨간색 HSK 2급
fěnhóngsè 분홍색
chéngsè 주황색
huángsè 노란색
lǜsè 초록색 HSK 3급
lánsè 파란색 HSK 3급
tiānlánsè 하늘색
zǐsè 보라색 HSK 5급
hēisè 검은색 HSK 2급
báisè 흰색 HSK 2급

6과

xīguā 수박 HSK 2급
pútao 포도 HSK 4급
táozi 복숭아 HSK 5급
píngguǒ 사과 HSK 1급
mángguǒ 망고
cǎoméi 딸기
xiāngjiāo 바나나 HSK 3급
bōluó 파인애플
júzi 귤 HSK 5급
níngméng 레몬

7과

xióngmāo 판다 HSK 3급
dàxiàng 코끼리 HSK 5급
bānmǎ 얼룩말
hóuzi 원숭이 HSK 5급
zhū 돼지 HSK 5급
jī 닭
tùzi 토끼 HSK 5급
lǎohǔ 호랑이 HSK 4급
shīzi 사자 HSK 5급
hémǎ 하마

8과

yǎnjing 눈 HSK 2급
bízi 코 HSK 3급
zuǐ 입 HSK 3급
ěrduo 귀 HSK 3급
tóu 머리
jiānbǎng 어깨 HSK 5급
shǒu 손
pìgu 엉덩이 HSK 6급
xīgài 무릎 HSK 6급
jiǎo 발 HSK 3급

과	단원명	학습 목표	찬트	활동	발음
1	이웃 나라 중국	• 중국 정식 국가 명칭과 국기 명칭 익히기 • 한어병음과 성조 익히기	성조	성조 색칠하기	a o e
2	알고 보면 쉬운 중국어 발음	• 성모 21개 익히기	성모	성모 카드 만들기	i u ü
3	내가 좋아하는 숫자	• 1~10 숫자 익히기 • 손가락 숫자 익히기	숫자	숫자 퍼즐 맞추기	er iou(iu)
4	행복한 우리 가족	• 가족 구성원 익히기	가족	상상 속 가족 만들기	ei ie
5	빨주노초 파남보 무지개 색깔	• 색깔 익히기	색깔	색칠하기	ong uang
6	새콤달콤 맛있는 과일	• 과일 이름 익히기	과일	탕후루 만들기	ao iang
7	귀여운 동물	• 동물 이름 익히기	동물	판다 완성하기	ou iong
8	소중한 나의 몸	• 신체 이름 익히기	신체 부위	친구 그리기	iao ian

 시간 배당   각 과 4차시씩 총 32차시 (4차시 '발음 연습'은 워크북으로 대체 가능합니다.)

2권 학습 목표 미리 보기

과	단원명	학습 목표	찬트	활동	발음
1	안녕! Nǐ hǎo!	• 만났을 때와 헤어질 때 인사 표현 익히기	인사하기	귓속말로 전달해요	eng ia
2	나는 잘 지내. Wǒ hěn hǎo.	• 안부 인사 표현 익히기 • 감사 표현 익히기	안부와 감사	단어 낚시	ing uen(un)
3	내 이름은 아리야. Wǒ jiào Ālì.	• 성과 이름 묻고 답하는 표현 익히기	이름 묻기	중국어 이름표 만들기	ai ang
4	나는 아홉 살이야. Wǒ jiǔ suì.	• 나이 묻고 답하는 표현 익히기	나이 묻기	나이 말하기 게임	uai ueng
5	그 애는 내 여동생이야. Tā shì wǒ mèimei.	• 가족 소개하는 표현 익히기	가족	가족을 말해 봐요	uei an
6	나는 빨간색이 좋아. Wǒ xǐhuan hóngsè.	• 좋아하는 색깔 표현 익히기	색깔	색칠하기	en in
7	나는 과자를 먹어. Wǒ chī bǐnggān.	• 음식 표현 익히기	간식	제자리 앉기	üe üan
8	저건 판다야. Nà shì xióngmāo.	• 사물을 가리키는 표현 익히기	동물	몸으로 말해 봐요	ua uo ün

시간 배당 각 과 4차시씩 총 32차시 (4차시 '발음 연습'은 워크북으로 대체 가능합니다.)

등장인물

✏️ 1권은 아리와 동생 아랑이가 중국 베이징으로 가면서 벌어지는 이야기로 재미있게 꾸몄어요. 중국 친구 징징이와 베이베이를 만나러 함께 가 볼까요?

아리 Ālì
한국인, 초등학교 1학년

활발하고 명랑한 아리는 중국어 공부에 푹 빠졌어요.

베이베이 Bèibei
중국인, 초등학교 1학년

엉뚱하지만 친절한 베이베이는 아리의 중국어 공부를 도와줘요.

아랑 Āláng
한국인, 유치원생

씩씩하고 귀여운 아랑이는 아리의 하나뿐인 남동생이에요.

징징 Jīngjing
중국인, 초등학교 1학년

똑똑하고 귀여운 징징이는 아리의 단짝 친구예요.

왕왕이

1과 이웃 나라 중국

3 만리장성

Chángchéng

4 하얼빈

Hā'ěrbīn

5 베이징(북경)

Běijīng

6 상하이(상해)

Shànghǎi

7 홍콩

Xiānggǎng

Xué yi xué ❶
즐겁게 배워 봐요

---

1. 중국의 정식 국가 명칭과 국기 명칭

☆ 정식 국가 명칭 : 중화인민공화국 = 중국 (Zhōngguó)

☆ 국기 명칭 : 오성홍기 (Wǔxīng - Hóngqí)

　　다섯 개의 별이 그려진 붉은 깃발을 말해요.

---

2. 중국에서 사용하는 한자는?

☆ 중국에서는 복잡한 한자를 간단하게 줄인 모양의 간화자를 사용해요.

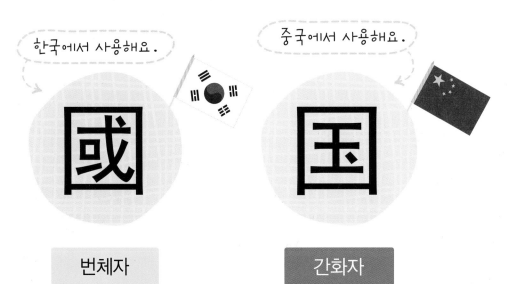

한국에서 사용해요.

중국에서 사용해요.

國

国

번체자

간화자

대만, 홍콩에서도 사용해요!

1 우리나라 국기와 중국 국기를 색칠하고, 국기 이름을 써 보세요.

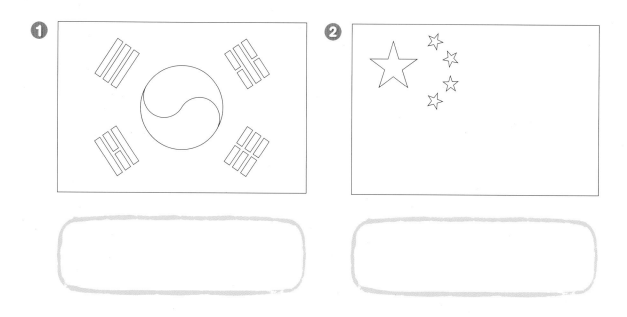

2 중국에서 사용하는 한자를 골라 ○ 표를 해 보세요.

보기

| 國 | 🇰🇷 번체자 | 国 | 🇨🇳 간화자 |

① 學 学   ② 汉 漢

Xué yi xué ❷
즐겁게 배워 봐요

1. 한어병음

⭐ 한어병음은 성모, 운모, 성조로 구성되어 있어요.

你　好

성조

nǐ　hǎo

성모　운모

Nǐ hǎo!

한어병음은 알파벳을 사용하지만, 영어와는 발음이 달라요.

2. 성조

⭐ 중국어는 음의 높낮이가 있어요. 이것을 성조라고 해요.
성조는 제1성, 제2성, 제3성, 제4성이 있어요.

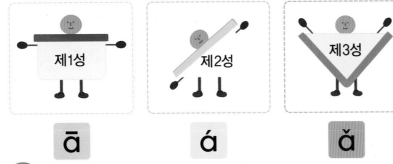

제1성　제2성　제3성　제4성

ā　á　ǎ　à

잠깐!

경성

'경성'은 운모 위에 아무런 표시를 하지 않고, 가볍고 짧게 발음해요.

1 빈칸에 들어갈 말을 보기 에서 골라 써 보세요.

보기   성모   운모   성조

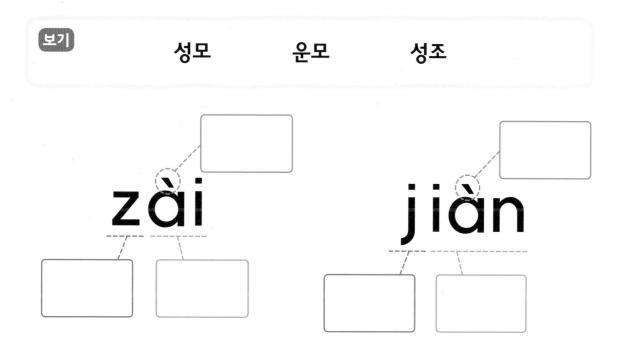

zài

jiàn

2 잘 듣고, 해당하는 발음(운모)을 찾아 ○ 표를 해 보세요. 🎧 MP3 1-2

① ā   á   ǎ   à

② ā   á   ǎ   à

③ ā   á   ǎ   à

성조 노래

(제)1성은 노래해요!   ─ 아~   ─ 아~

(제)2성은 물어봐요!   ╱ 왜?   ╱ 왜?

(제)3성은 이해해요!   ∨ 아~   ∨ 아~

(제)4성은 소리쳐요!   ╲ 야!   ╲ 야!

─ 아~ ╱ 왜? ∨ 아~ ╲ 야! ─ 아~ ╱ 왜? ∨ 아~ ╲ 야!

제1성

제나성

Zuò yi zuò
재미있게 활동해 봐요

성조 색칠하기

제1성, 제2성, 제3성, 제4성의 성조를
색칠하고, 발음을 써 보세요.

준비물 색연필 또는 크레파스

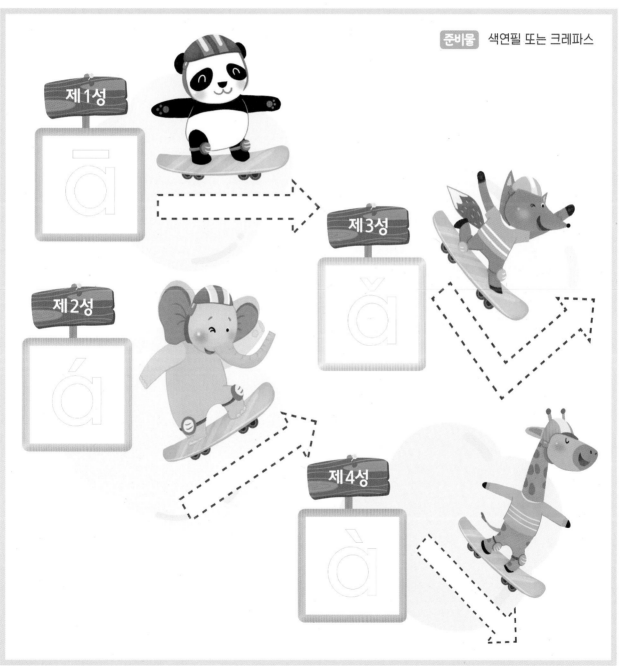

제1성
ā

제2성
á

제3성
ǎ

제4성
à

추가 활동 104쪽 활용하세요!

a	o	e	단운모

a	입을 크게 벌려 '아'라고 발음해요.
o	'오'와 '어'의 중간 소리로 '오어'라고 발음해요.
e	'으'와 '어'의 중간 소리로 '으어'라고 발음해요.

이야기를 읽으며 발음을 연습해요!

점심을 안 먹었더니 너무 è 했어요.

À! 냉장고 안에 넣어 둔 초콜릿이 생각났어요.

Ò! 초콜릿은 정말 달콤해요.

è	à	ò
배고프다	아! [감탄]	오! [감탄]

Cāi yi cāi
배울 내용을 생각해 봐요

어? 이 글자 '큰 대(大)'자다. 중국어로 어떻게 읽어?

따(dà)라고 읽어.

그런데 밑의 이 영어는 뭐야?

영어가 아니라 중국어 발음 표기인 '한어병음'이야.

한어병음

성조
dà
성모 ── ── 운모

✏️ 오늘 배울 내용은 [   ]예요.

Dú yi dú
따라 읽어 봐요

11 h

12 j

13 q

14 x

15 zh

16 ch

17 sh

18 r

19 z

20 c

21 s

MP3 2-1

첫 번째 시간

2과 알고 보면 쉬운 중국어 발음   29

Xué yi xué ❶
즐겁게 배워 봐요

🎧 MP3 2-2

b
아빠가 뽀뽀뽀
뽀어

p
밭에 포도가
포어

m
이건 뭐야
모어

f
원 투 쓰리 포
포어

+o

d
눈을 크게 떠
뜨어

t
풍선이 터졌어요
트어

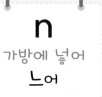

n
가방에 넣어
느어

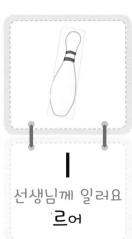

l
선생님께 일러요
르어

+e

g
불을 꺼요
끄어

k
키가 커요
크어

h
허허 웃어
흐어

+e

Liànxí ①
연습해 봐요

113쪽 스티커 활용

✿ 한국어 발음에 해당하는 발음(성모) 스티커를 찾아 붙인 후,
발음의 순서대로 큰 소리로 읽어 보세요.

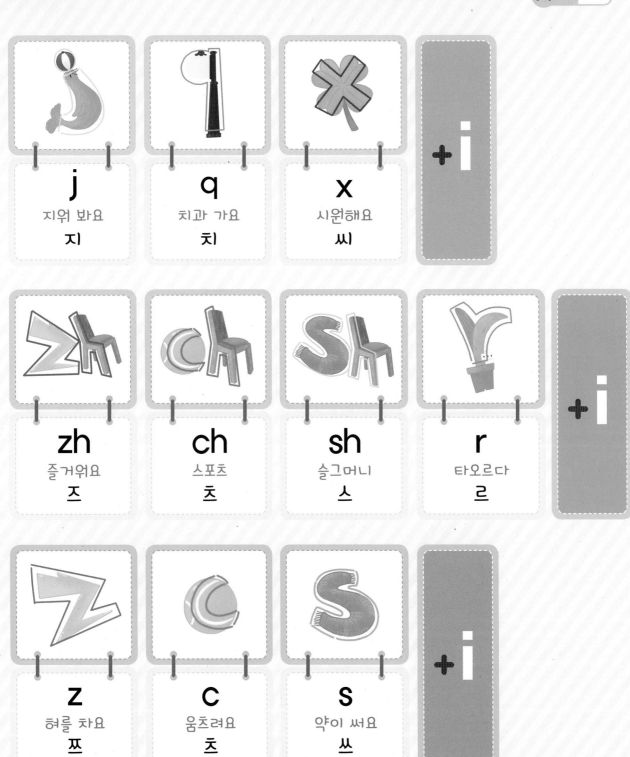

j
지워 봐요
지

q
치과 가요
치

x
시원해요
씨

+i

zh
즐거워요
즈

ch
스포츠
츠

sh
슬그머니
스

r
타오르다
르

+i

z
혀를 차요
쯔

c
움츠려요
츠

s
약이 써요
쓰

+i

Liànxí ❷
연습해 봐요

세번째 시간

❀ 공을 따라가며 미로를 탈출한 후, 발음(성모)의 순서대로 큰 소리로
읽어 보세요.

성모 노래

위아래 입술 만나	b(o)	p(o)	m(o)
윗니와 아랫입술	f(o)		
혀끝에 힘을 줘서	d(e)	t(e)	n(e) l(e)
목에서 소리 내요	g(e)	k(e)	h(e)
혓바닥이 입천장에	j(i)	q(i)	x(i)
혀끝을 위로 말아	zh(i)	ch(i)	sh(i) r(i)
혀를 차며 말해요	z(i)	c(i)	s(i)

Zuò yi zuò
재미있게 활동해 봐요

 성모 카드 만들기

 109쪽 오리기 활용

성모 카드를 만들어 보세요.

활동 방법

① 109쪽에서 성모 바퀴 한 개와 운모 바퀴 한 개를 오려요.

② 운모 바퀴와 어울리는 성모를 성모 바퀴에 써요.

성모	b p m f d t n l g k h j q x zh ch sh r z c s

운모	o e i

③ 색연필 또는 사인펜으로 성모 바퀴와 운모 바퀴를 꾸며요.

④ 앞바퀴에는 성모 바퀴, 뒷바퀴에는 운모 바퀴를 붙여 완성해요.

준비물 가위, 풀, 색연필 또는 사인펜

예시 작품

 **추가 활동** 104쪽 활용하세요!

i	u	ü	단운모

i	입술을 옆으로 길게 벌려 '이'라고 발음해요. 성모가 있으면 i, 성모가 없으면 yi로 바뀌어요.
u	입을 모아 입술을 앞으로 살짝 내밀며 '우'라고 발음해요. 성모가 있으면 u, 성모가 없으면 wu로 바뀌어요.
ü	입술을 작고 둥글게 앞으로 내밀며 '위'라고 발음해요. 이때 입술은 움직이지 않고 발음해요. 성모가 있으면 ü, 성모가 없으면 yu로 바뀌어요.

이야기를 읽으며 발음을 연습해요!

오늘 아침 등굣길 날씨는 wù도 끼고 흐렸어요.

수업을 마치고 집으로 돌아가는데, 갑자기 yǔ가 내렸어요.

우산이 없어서 yī가 모두 젖었어요.

u (wù)	ü (yǔ)	i (yī)
안개	비	옷

3과 내가 좋아하는 숫자

Cāi yi cāi
배울 내용을 생각해 봐요

와! 중국의 수도 베이징이다!

여기야!

우와, 앞차 번호판에 8이 진짜 많아.

진짜네. 8만 네 개야.

8은 중국에서 행운의 숫자거든.

그렇구나.

오늘 배울 내용은 [   ] 예요.

6 liù

7 qī

🎧 MP3 3-1

8 bā

9 jiǔ

10 shí

단어를 익혀요! 🎧 MP3 3-2

❶ yī 일(1), 하나   **❷** èr 이(2), 둘   **❸** sān 삼(3), 셋   **❹** sì 사(4), 넷

❺ wǔ 오(5), 다섯   **❻** liù 육(6), 여섯   **❼** qī 칠(7), 일곱   **❽** bā 팔(8), 여덟

❾ jiǔ 구(9), 아홉   **❿** shí 십(10), 열

106쪽 손가락 동작 참고

	yī	이 이 이 이 쉿 쉿 쉿	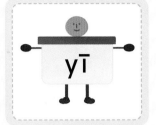
	èr	얼 얼 얼 얼 브이 브이 브이	
	sān	싼 싼 싼 싼 양 양 양	
	sì	쓰 쓰 쓰 쓰 니 하오	
	wǔ	우 우 우 우 파이쇼우	

Liànxí ①
연습해 봐요

113쪽 스티커 활용

1 아이들의 수에 해당하는 병음 스티커를 붙여 보세요.

113쪽 스티커 활용

2 풍선 개수에 해당하는 손가락 숫자 스티커를 붙여 보세요.

🎧 MP3 3-4

106쪽 손가락 동작 참고

liù

리어우 리어우
리어우 리어우
웨이 웨이 웨이

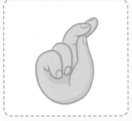

qī

치 치 치 치
야 야 야

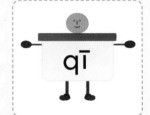

bā

빠 빠 빠 빠
빵야 빵야 빵야

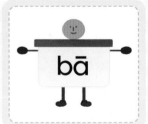

jiǔ

지어우 지어우
지어우 지어우
헌 커아이

shí

스 스 스 스
스터우 지앤따오 뿌

1 손가락 숫자에 해당하는 단어를 완성하고, 읽어 보세요.

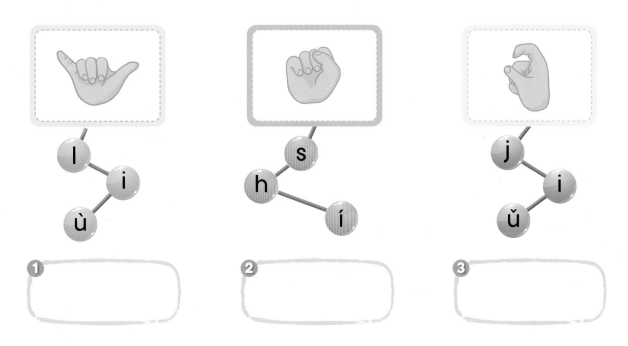

① ▢

② ▢

③ ▢

2 병음이 가리키는 숫자만큼 도형을 색칠해 보세요.

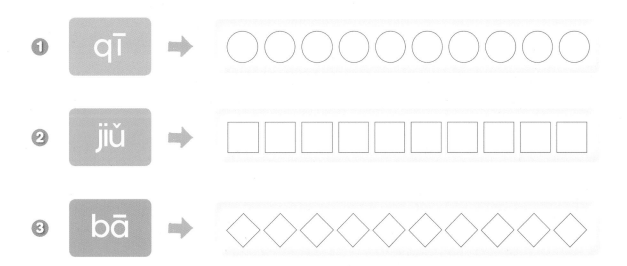

① qī ➡ ◯ ◯ ◯ ◯ ◯ ◯ ◯ ◯ ◯ ◯

② jiǔ ➡ ☐ ☐ ☐ ☐ ☐ ☐ ☐ ☐ ☐ ☐

③ bā ➡ ◇ ◇ ◇ ◇ ◇ ◇ ◇ ◇ ◇ ◇

숫자 노래

yī	yī	yī	yī	쉿 쉿 쉿
èr	èr	èr	èr	브이 브이 브이
sān	sān	sān	sān	양 양 양
sì	sì	sì	sì	니 하오
wǔ	wǔ	wǔ	wǔ	파이쇼우
liù	liù	liù	liù	웨이 웨이 웨이
qī	qī	qī	qī	야 야 야
bā	bā	bā	bā	빵야 빵야 빵야
jiǔ	jiǔ	jiǔ	jiǔ	헌 커아이
shí	shí	shí	shí	스터우 지앤따오 뿌

Zuò yi zuò
재미있게 활동해 봐요

숫자 퍼즐 맞추기

111쪽 오리기 활용

손가락 숫자와 병음에 해당하는
아라비아 숫자를 찾아 퍼즐을 완성해 보세요.

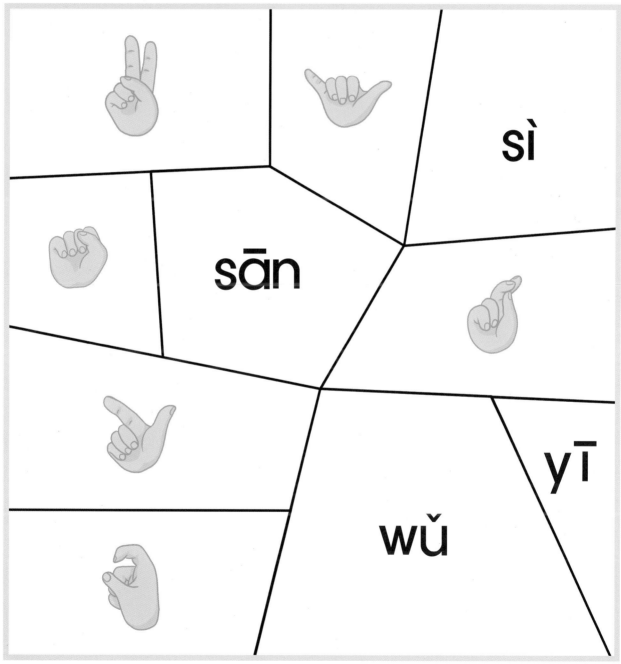

 **추가 활동** 104쪽 활용하세요!

3과 **내가 좋아하는 숫자** 45

| er | iou(iu) | 결합운모 |

| er | '얼'이라고 발음해요. 성조는 e 위에 표기해요. |
| iou (iu) | '이어우'라고 발음해요. 빠르게 발음하면 '이우'처럼 들려요. 성모가 있으면 iu, 성모가 없으면 you로 바뀌어요. |

 이야기를 읽으며 발음을 연습해요!

남동생이 zúqiú 선수로 나갔어요.

남동생의 ěrduo 옆으로 공이 스쳐 지나갔지만,

다행히 다치지는 않았어요. 경기를 마친 후,

우리는 niúnǎi를 마시며 집으로 돌아왔어요.

 MILK

| zúqiú
축구 | ěrduo
귀 | niúnǎi
우유 |

4과 행복한 우리 가족

징징이네 집

마마(māma)!

마마(māma)?
엄마란 말인가?

마마(māma)가
무슨 뜻이야?

중국어로
'엄마'라는 말이야.

마마(māma),
니 하오!

니 하오!
어서 오렴.

✏️ 오늘 배울 내용은 [   ] 예요.

Dú yi dú
따라 읽어 봐요

1 yéye

2 nǎinai

3 bàba

4 māma

MP3 4-1

첫 번째 시간

나

7 dìdi

5 gēge

6 jiějie

8 mèimei

단어를 익혀요! · MP3 4-2

1 yéye 할아버지
2 nǎinai 할머니
3 bàba 아빠
4 māma 엄마
5 gēge 형, 오빠
6 jiějie 누나, 언니
7 dìdi 남동생
8 mèimei 여동생

yéye

할아버지께서 부르시면

이에이에

nǎinai

할머니는 나이가 많아요

나이나이

bàba

아빠는 바빠

빠바바

māma

엄마는 마음이 고와

마마

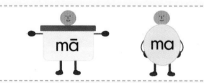

1 말풍선이 가리키는 가족에 해당하는 병음 스티커를 붙여 보세요.

113쪽 스티커 활용

2 가족 중 누구의 물건일까요? 그림을 참고하여 해당하는 병음에 ○ 표를 해 보세요.

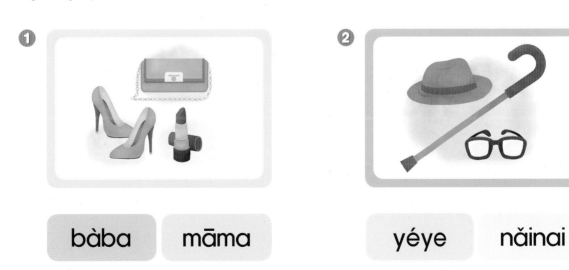

① bàba   māma

② yéye   nǎinai

gēge

오빠(형)는 끄억 하고 트림해요
끄어그어

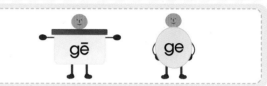

jiějie

누나(언니)는 지혜로워서
지에지에

dìdi

남동생은 차를 좋아해서 뛰뛰빵빵
띠디

mèimei

여동생은 매일 즐거워
메이메이

Liànxí ❷
연습해 봐요

🌸 미로를 통과하며 만나는 발음에 동그라미를 한 후, 단어를 완성해 보세요.

가족 노래

할아버지 부르시면	yéye	yéye
할머니는 나이 많아	nǎinai	nǎinai
아빠는 바빠	bàba	bàba
엄마는 마음 고와	māma	māma
오빠(형)는 트림하고	gēge	gēge
누나(언니)는 지혜로워	jiějie	jiějie
남동생은 뛰뛰빵빵	dìdi	dìdi
여동생은 매일 즐거워	mèimei	mèimei

Zuò yi zuò
재미있게 활동해 봐요

115쪽 스티커 활용

얼굴 스티커와 병음 스티커를 붙여
상상 속 가족을 만들어 보세요.

나

ei **ie** 결합운모

ei	'에이'라고 발음해요. 성조는 e 위에 표기해요.
ie	'이에'라고 발음해요. 빠르게 발음하면 '예'처럼 들려요. 성모가 있으면 ie, 성모가 없으면 ye로 바뀌어요. 성조는 e 위에 표기해요.

이야기를 읽으며 발음을 연습해요!

부모님과 함께 **yèjǐng**을 보러 남산에 갔어요.

길가에는 **méigui**가 아름답게 피어 있었어요.

어제 새로 산 **xiézi**를 신고 오래 걸었더니 발이 아팠어요.

잠시 의자에 앉아 **bēizi**에 사과 주스를 따라 마셨어요.

yèjǐng 야경	**méigui** 장미	**xiézi** 신발	**bēizi** 컵

Cāi yi cāi
배울 내용을 생각해 봐요

우와, 연이다!

빨간색 연이 제일 많네.

중국인은 빨간색을 좋아해서 빨간색 연이 가장 인기가 있어.

그렇구나. 빨간색은 중국어로 어떻게 말해?

홍 쓰어(hóngsè) 라고 해.

우리도 연 날리러 가자.

✏️ 오늘 배울 내용은 □□□ 예요.

Dú yi dú
따라 읽어 봐요

② fěnhóngsè

① hóngsè

③ chéngsè

④ huángsè

⑤ lǜsè

MP3 5-1

6 lánsè

8 zǐsè

7 tiānlánsè

10 báisè

9 hēisè

단어를 익혀요! MP3 5-2

❶ hóngsè 빨간색　　❷ fěnhóngsè 분홍색　　❸ chéngsè 주황색

❹ huángsè 노란색　　❺ lǜsè 초록색　　❻ lánsè 파란색

❼ tiānlánsè 하늘색　　❽ zǐsè 보라색　　❾ hēisè 검은색

❿ báisè 흰색

🎧 MP3 5-3

 **hóngsè** | 빨간색은
붉을 홍
홍쓰어 |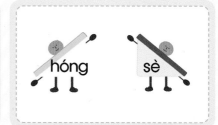

 **fěnhóngsè** | 분홍색은
재미있게
펀펀(fun fun)
펀홍쓰어 |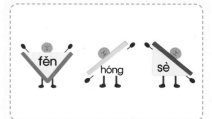

 **chéngsè** | 주황색은
맛있는 귤청
츠엉쓰어 |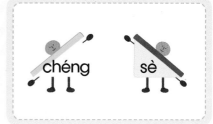

 **huángsè** | 노란색은
누를 황
후앙쓰어 |

 **lǜsè** | 초록색은
리얼 초록
뤼쓰어 |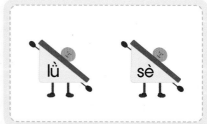

117쪽 스티커 활용

1 화살표가 가리키는 색에 해당하는 병음 스티커를 붙여 보세요.

2 곰돌이 젤리 색에 해당하는 병음을 찾아 선을 연결해 보세요.

①  ● ● huángsè

②  ● ● hóngsè

③  ● ● fěnhóngsè

 **lánsè** 파란색은 파란 파란 란쓰어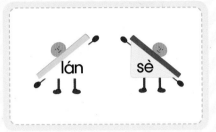

 **tiānlánsè** 하늘색은 티가 안 나 티앤란쓰어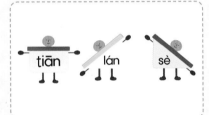

 **zǐsè** 보라색은 포도즙 쯔쓰어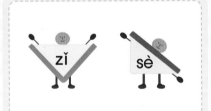

 **hēisè** 검은색은 하늘에 해 있어 헤이쓰어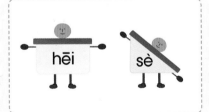

 **báisè** 흰색은 헤어질 때 바이바이 바이쓰어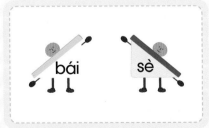

1 보기 를 참고하여 병음이 나타내는 색으로 퍼즐을 칠해 보세요.

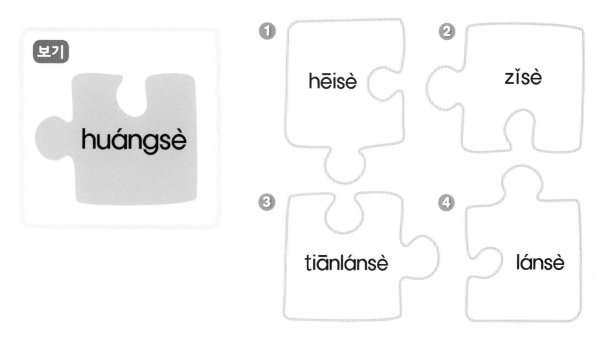

보기

huángsè

① hēisè

② zǐsè

③ tiānlánsè

④ lánsè

2 보기 를 참고하여 한글 단어를 보고 떠오르는 색을 써 보세요.

보기

하늘

바다

청바지

lánsè

눈사람
아이스크림
구름

머리카락

연필심

밤하늘

①

②

색깔 노래

빨간색은 붉을 홍	hóngsè	hóngsè
분홍색은 펀펀(fun fun)	fěnhóngsè	fěnhóngsè
주황색은 귤청	chéngsè	chéngsè
노란색은 누를 황	huángsè	huángsè
초록색은 리얼 초록	lǜsè	lǜsè
파란색은 파란 파란	lánsè	lánsè
하늘색은 티가 안 나	tiānlánsè	tiānlánsè
보라색은 포도즙	zǐsè	zǐsè
검은색은 해 있어	hēisè	hēisè
하얀색은 바이바이	báisè	báisè

Zuò yi zuò
재미있게 활동해 봐요

색칠하기

보기 의 색깔 중에서 골라 자유롭게 색칠을 한 후,
짝꿍에게 칠한 곳의 색을 중국어로 말해 보세요.

보기	hóngsè	huángsè	lǜsè	lánsè	zǐsè	hēisè
	빨간색	노란색	초록색	파란색	보라색	검은색

추가 활동   105쪽 활용하세요!

ong	uang	결합운모

ong	'옹'이라고 발음해요. 성조는 o 위에 표기해요.
uang	'우앙'이라고 발음해요. 빠르게 발음하면 '왕'으로 들려요. 성모가 있으면 uang, 성모가 없으면 wang으로 바뀌어요. 성조는 a 위에 표기해요.

이야기를 읽으며 발음을 연습해요!

어젯밤에 너무 더워서 chuānghu를 열어 놓고 자다가,

그래도 시원하지 않아 kōngtiáo를 틀고 잤어요.

아침에 chuáng에서 일어나니 콧물이 났어요.

콧물을 닦은 휴지는 lājītǒng에 넣었어요.

chuānghu 창문	kōngtiáo 에어컨	chuáng 침대	lājītǒng 쓰레기통

6과 새콤달콤 맛있는 과일

누나, 저게 뭐야?

글쎄? 신기하다.

저건 탕후루(tánghúlu)라는 과일 꼬치야. 하나씩 먹어 볼래?

좋아.

무슨 과일로 먹을래?

난 딸기!

✏️ 오늘 배울 내용은 ☐☐☐☐☐ 예요.

MP3 6-1

xiāngjiāo

bōluó

cǎoméi

júzi

níngméng

단어를 익혀요! MP3 6-2

❶ xīguā 수박

❷ pútao 포도

❸ táozi 복숭아

❹ píngguǒ 사과

❺ mángguǒ 망고

❻ cǎoméi 딸기

❼ xiāngjiāo 바나나

❽ bōluó 파인애플

❾ júzi 귤

❿ níngméng 레몬

Xué yi xué ①
즐겁게 배워 봐요

MP3 6-3

 **xīguā** — 수박은 시원해서 **씨꾸아**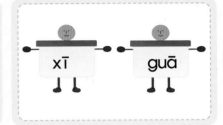

 **pútao** — 포도는 탱글탱글 푸짐해서 **푸타오**

 **táozi** — 복숭아 맛 차를 타요 **타오쯔**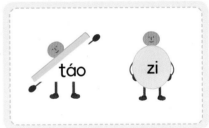

 **píngguǒ** — 사과는 핑핑 돌아서 **핑구어**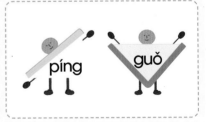

 **mángguǒ** — 망고는 원래 이름 그대로 **망구어**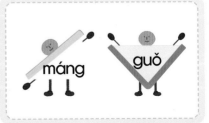

117쪽 스티커 활용

1 그림자에 해당하는 과일을 찾아 선을 연결한 후, 과일 이름 스티커를 붙여 보세요.

① ② ③

117쪽 스티커 활용

2 병음에 해당하는 과일 스티커를 붙여 과일나무를 완성해 보세요.

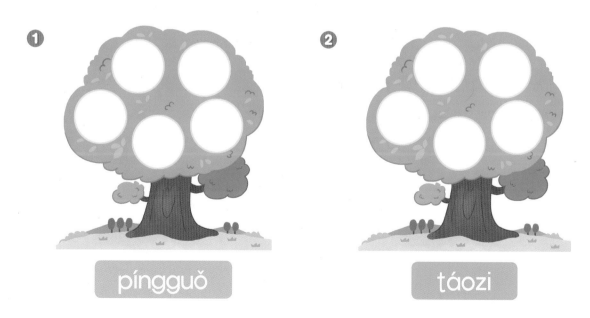

① ②

píngguǒ   táozi

cǎoméi

딸기와
참외는
맛있어

차오메이

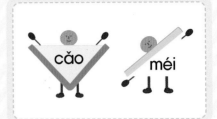

xiāngjiāo

바나나를
상상해 봐

씨앙지아오

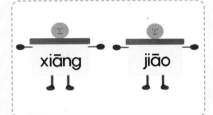

bōluó

파인애플
뽈록뽈록

뽀어루어

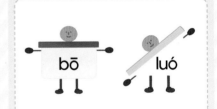

júzi

귤을
한 손에
쥐고

쥐쯔

níngméng

레몬은
멍멍이도
좋아해

닝멍

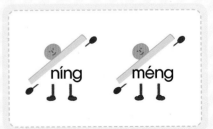

Liànxí ②

연습해 봐요

세 번째 시간

❀ 판다는 어떤 과일을 먹으러 가는 걸까요? 미로를 통과해서 찾은 과일의 이름을
보기 에서 찾아 써 보세요.

보기   bōluó   júzi   xiāngjiāo   cǎoméi

6과 새콤달콤 맛있는 과일   73

과일 노래

수박은 시원해서	xīguā	xīguā
포도는 푸짐해서	pútao	pútao
복숭아 맛 차를 타요	táozi	táozi
사과는 핑핑 돌아서	píngguǒ	píngguǒ
망고는 원래 이름	mángguǒ	mángguǒ
딸기와 참외는 맛있어	cǎoméi	cǎoméi
바나나를 상상해 봐	xiāngjiāo	xiāngjiāo
파인애플 볼록볼록	bōluó	bōluó
귤을 손에 쥐고	júzi	júzi
레몬은 멍멍이도 좋아해	níngméng	níngméng

Zuò yi zuò
재미있게 활동해 봐요

119쪽 스티커 활용

과일 스티커를 붙여 탕후루(과일 꼬치)를 만들어 보세요.

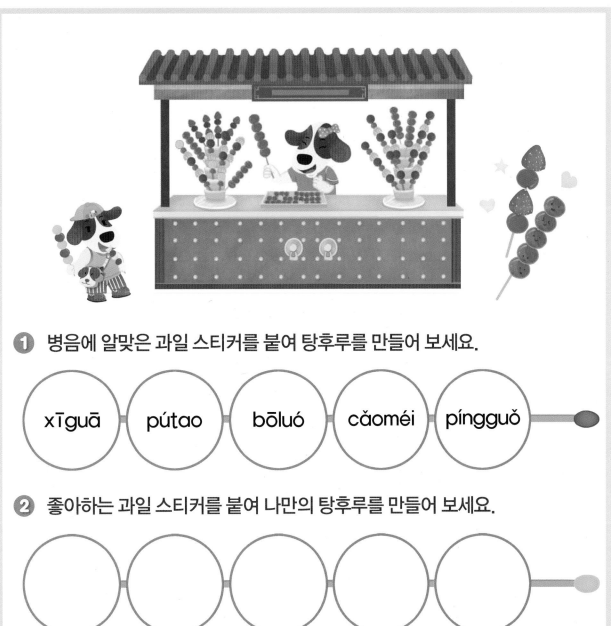

① 병음에 알맞은 과일 스티커를 붙여 탕후루를 만들어 보세요.

| xīguā | pútao | bōluó | cǎoméi | píngguǒ |

② 좋아하는 과일 스티커를 붙여 나만의 탕후루를 만들어 보세요.

추가 활동 105쪽 활용하세요!

ao   iang   결합운모

ao	'아오'라고 발음해요. 성조는 a 위에 표기해요.
iang	'이앙'이라고 발음해요. 빠르게 발음하면 '양'으로 들려요. 성모가 있으면 iang, 성모가 없으면 yang으로 바뀌어요. 성조는 a 위에 표기해요.

 이야기를 읽으며 발음을 연습해요!

아침에 엄마께서 miànbāo 위에 guǒjiàng을 발라

주셨어요. 식사 후에는 친구에게 선물받은 yáng 모양의

머리끈으로 머리도 예쁘게 묶어 주셨어요.

miànbāo 빵	guǒjiàng (과일) 잼	yáng (동물) 양

Cāi yi cāi
배울 내용을 생각해 봐요

우와! 판다다.
너 직접 본 적 있어?

응, 베이징 동물원에서 봤어.

나도 직접 보고 싶어.

그럼 우리 오늘 베이징 동물원에 갈까?

빨리 가자!

정말? 좋아.

판다 봐. 정말 귀여워!

오늘 배울 내용은 [   ] 예요.

1 lǎohǔ

2 shīzi

3 hóuzi

4 bānmǎ

5 dàxiàng

⑥ xióngmāo

🎧 MP3 7-1

⑦ tùzi

⑧ hémǎ

⑨ zhū

⑩ jī

단어를 익혀요! 🎧 MP3 7-2

❶ lǎohǔ 호랑이　　　❷ shīzi 사자　　　❸ hóuzi 원숭이

❹ bānmǎ 얼룩말　　　❺ dàxiàng 코끼리　　❻ xióngmāo 판다

❼ tùzi 토끼　　　　　❽ hémǎ 하마　　　　❾ zhū 돼지

❿ jī 닭

lǎohǔ

나는
호랑이라오
라오후

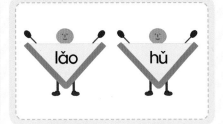

lǎo hǔ

shīzi

사자는
스슥 달려
스쯔

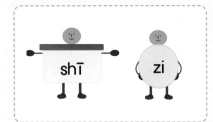

shī zi

hóuzi

원숭이는
허우적대고
있어
허우쯔

hóu zi

bānmǎ

얼룩말은
반만 검은색
빤마

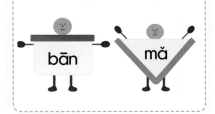

bān mǎ

dàxiàng

코끼리는
덩치가 크따
따씨앙

dà xiàng

Liànxí ①
연습해 봐요

1 어떤 동물의 뒷모습인지 해당하는 병음을 찾아 연결해 보세요.

① dàxiàng

② lǎohǔ

③ shīzi

2 어떤 동물들이 합쳐진 그림자일까요? 해당하는 동물을 보기 에서 찾아 써 보세요.

보기

bānmǎ · dàxiàng · hóuzi · lǎohǔ · shīzi

xióngmāo

판다
보러오시옹
씨옹마오

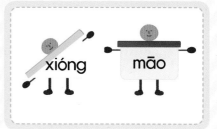

tùzi

토끼는 투투
두 마리
투쯔

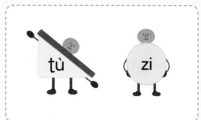

hémǎ

하마는
흐어 하고
울어
흐어마

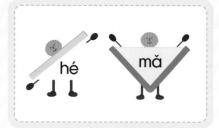

zhū

돼지는
쭈쭈바가 좋아
주

jī

닭은
묵찌빠 해
찌

1 잘 듣고, 빈칸에 해당하는 발음을 채워 동물의 이름을 완성해 보세요. 🎧 MP3 7-5

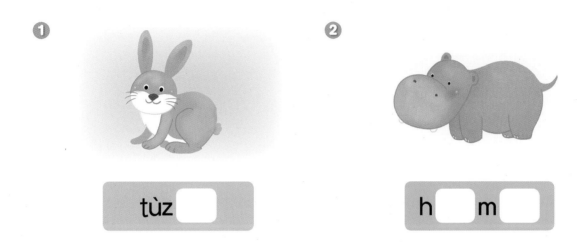

❶

tùz ☐

❷

h ☐ m ☐

2 어떤 동물의 신체 일부분일까요? 해당하는 동물을 찾아 ○ 표를 한 후,
이름을 써 보세요.

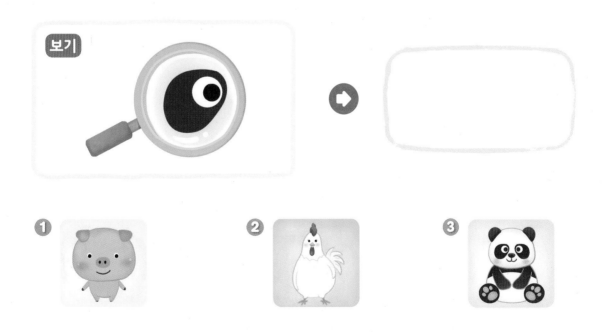

보기 ➡ ☐

❶   ❷   ❸

동물 노래

나는 호랑이라오	lǎohǔ	lǎohǔ
사자는 스슥 달려	shīzi	shīzi
원숭이는 허우적대	hóuzi	hóuzi
얼룩말은 반만 검은색	bānmǎ	bānmǎ
코끼리는 덩치가 크따	dàxiàng	dàxiàng
판다 보러 오시옹	xióngmāo	xióngmāo
토끼는 투투 두 마리	tùzi	tùzi
하마는 흐어 하고 울어	hémǎ	hémǎ
돼지는 쭈쭈바가 좋아	zhū	zhū
닭이랑 묵찌빠 해	jī	jī

Zuò yi zuò
재미있게 활동해 봐요

🟣 판다 완성하기

121쪽 스티커 활용

신체 부위 스티커를 활용해 판다를
완성해 보세요.

ou	iong	결합운모

ou	'어우'라고 발음해요. 성조는 o 위에 표기해요.
iong	'이옹'이라고 발음해요. 빠르게 발음하면 '용'으로 들려요. 성모가 있으면 iong, 성모가 없으면 yong으로 바뀌어요. 성조는 o 위에 표기해요.

 이야기를 읽으며 발음을 연습해요.

엄마랑 백화점에서 yǒngyī랑 xióng 모양의

귀여운 인형을 산 후, 지하 식품관에서 dòufu 한 조각과

jīròu 볶음 요리를 맛봤어요.

이것저것 많이 먹었더니 아직도 배가 불러요.

yǒngyī 수영복	xióng (동물) 곰	dòufu 두부	jīròu 닭고기

Cāi yi cāi
배울 내용을 생각해 봐요

뭐 하고 있어?

숙제하고 있어.

이건 뭐야? 재미있겠다.

중국 전통 인형인데, 내일까지 완성해 가야해.

내가 도와줄게.

그럼 비즈(bízi)를 칠해 줄래?

비즈? 구슬?

아니, 비즈(bízi)는 중국어로 코라는 뜻이야. 코를 칠해 줘.

✏️ 오늘 배울 내용은 _____ 예요.

6 jiānbǎng

7 shǒu

8 pìgu

9 xīgài

10 jiǎo

단어를 익혀요! — MP3 8-2

❶ yǎnjing 눈
❷ bízi 코
❸ zuǐ 입
❹ ěrduo 귀
❺ tóu 머리
❻ jiānbǎng 어깨
❼ shǒu 손
❽ pìgu 엉덩이
❾ xīgài 무릎
❿ jiǎo 발

yǎnjing

눈엔 눈
이엔 이
이앤징

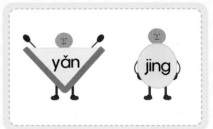

bízi

코는
비즈처럼
빛나
비즈

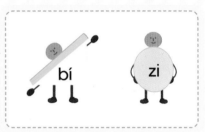

zuǐ

입은
앞으로
쭈욱
쭈에이

ěrduo

귀는
얼굴 옆에
얼뚜어

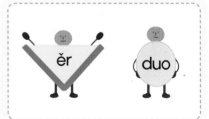

tóu

머리 감고
털어요
터우

1 화살표가 가리키는 신체 부위를 그린 후, 해당하는 부위를 보기 에서 찾아
써 보세요.

보기　　yǎnjing　　zuǐ　　bízi

❶

❸

❷

2 신체 어느 부위에 사용하는 물건일까요? 보기 에서 찾아 써 보세요.

보기　　yǎnjing　　tóu　　ěrduo

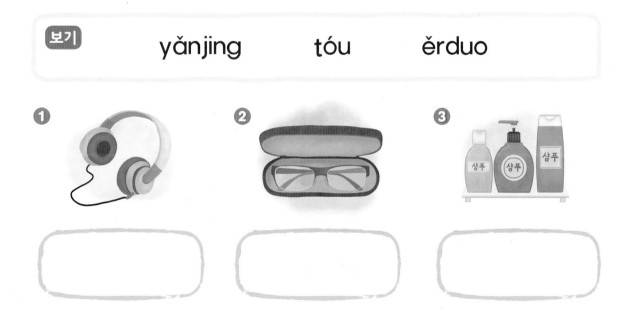

❶　　　　❷　　　　❸

	**jiānbǎng**	어깨는 찐빵 같아 **지앤빵**	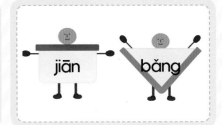
	**shǒu**	손으로 쇼를 하고 있어 **스어우**	
	**pìgu**	엉덩이로 피구 해 **피구**	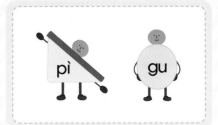
	**xīgài**	무릎이 시려서 **시까이**	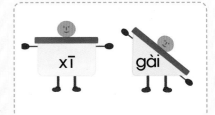
	**jiǎo**	발은 맨 밑에 있지요 **지아오**	

1 잘 듣고, 발음에 알맞은 그림을 연결한 후, 발음을 완성해 보세요. 🎧 MP3 8-5

① j ǎ
o i

② ǒ sh
u

③ p u
ì g

121쪽 스티커 활용

2 화살표가 가리키는 신체 부위에 해당하는 병음 스티커를 붙여 보세요.

신체 부위 노래

눈엔 눈 이엔 이	yǎnjing	yǎnjing
코는 비즈처럼	bízi	bízi
입을 앞으로 쭈욱	zuǐ	zuǐ
귀는 얼굴 옆에	ěrduo	ěrduo
머리 감고 털어요	tóu	tóu
어깨는 찐빵 같아	jiānbǎng	jiānbǎng
손으로 쇼를 해요	shǒu	shǒu
엉덩이로 피구 해	pìgu	pìgu
무릎이 시려서	xīgài	xīgài
발에 있지요	jiǎo	jiǎo

Zuò yi zuò
재미있게 활동해 봐요

네 번째 시간

 친구 그리기

앞에서 배운 신체 부위 단어를 활용해 친구 모습을 그려 보세요.

활동 방법

① 짝꿍 또는 모둠원들이 돌아가며 신체 부위 단어를 말하면서 해당 부위를 그려요.

② 친구의 모습이 완성되면 색연필로 예쁘게 꾸며요.

준비물 연필, 색연필

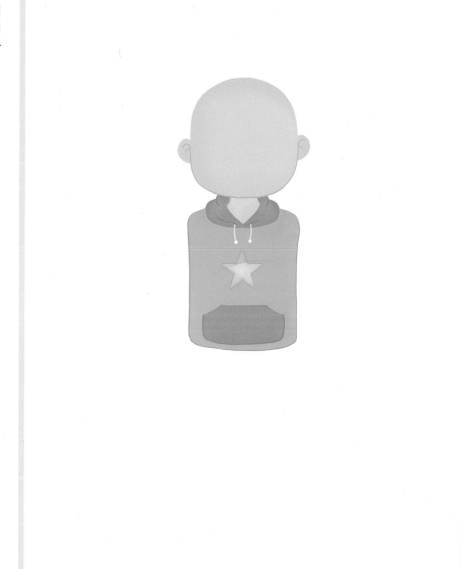

 추가 활동 105쪽 활용하세요!

Fāyīn liànxí
발음을 연습해 봐요

플러스 시간

MP3 8-7

| iao | ian | 결합운모 |

| iao | '이아오'라고 발음해요. 빠르게 발음하면 '야오'로 들려요.
성모가 있으면 iao, 성모가 없으면 yao로 바뀌어요.
성조는 a 위에 표기해요. |
| ian | '이앤'이라고 발음해요. 빠르게 발음하면 '앤'으로 들려요.
성모가 있으면 ian, 성모가 없으면 yan으로 바뀌어요.
성조는 a 위에 표기해요. |

 이야기를 읽으며 발음을 연습해요!

아침에 배가 아파 yàofáng에 갔다가 등교했어요.

jiàoshì에서 수업 준비를 하고 있는데, qiānbǐ가

보이지 않았어요. yǎnjìng을 쓰고 찾아보니 발 밑에

떨어져 있었어요.

+ PHARMACY

| yàofáng | jiàoshì | qiānbǐ | yǎnjìng |
| 약국 | 교실 | 연필 | 안경 |

부록

✽ 정답　　　　　　　　　　　　98

✽ 추가 활동　　　　　　　　　104

✽ 3과 손가락 동작　　　　　　106

✽ 학습 활동 자료_오리기　　　109

✽ 학습 활동 자료_스티커　　　113

정답

1과 21쪽

1 우리나라 국기와 중국 국기를 색칠하고, 국기 이름을 써 보세요.

태극기   오성홍기

2 중국에서 사용하는 한자를 골라 ○ 표를 해 보세요.

1과 23쪽

1 빈칸에 들어갈 말을 [보기]에서 골라 써 보세요.

보기   성모   운모   성조

성조   성조

zài   **jiàn**

성모   운모   성모   운모

2 잘 듣고, 해당하는 발음(운모)을 찾아 ○ 표를 해 보세요.

① ā   á   ǎ   (à)

② ā   á   (ǎ)   à

③ (ā)   á   ǎ   à

1과 25쪽

성조 색칠하기

제1성, 제2성, 제3성, 제4성의 성조를 색칠하고, 발음을 써 보세요.

준비물 색연필 또는 크레파스

제1성 ā

제2성 á

제3성 ǎ

제4성 à

추가 활동 104쪽 활용하세요!

2과 31쪽

한국어 발음에 해당하는 발음(성모) 스티커를 찾아 붙인 후, 발음의 순서대로 큰 소리로 읽어 보세요.

공을 따라가며 미로를 탈출한 후, 발음(성모)의 순서대로 큰 소리로 읽어 보세요.

2과 알고 보면 쉬운 중국어 발음 **33**

성모 카드를 만들어 보세요.

2과 알고 보면 쉬운 중국어 발음 **35**

1 아이들의 수에 해당하는 병음 스티커를 붙여 보세요.

yī   sì   èr

2 풍선 개수에 해당하는 손가락 숫자 스티커를 붙여 보세요.

3과 내가 좋아하는 숫자 **41**

1 손가락 숫자에 해당하는 단어를 완성하고, 읽어 보세요.

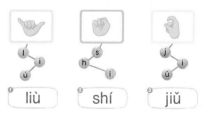

liù   shí   jiǔ

2 병음이 가리키는 숫자만큼 도형을 색칠해 보세요.

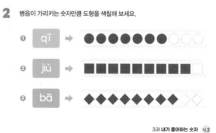

3과 내가 좋아하는 숫자 **43**

부록 99

3과 45쪽

4과 51쪽

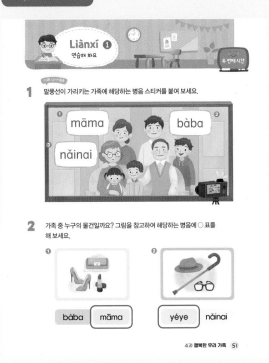

4과 53쪽

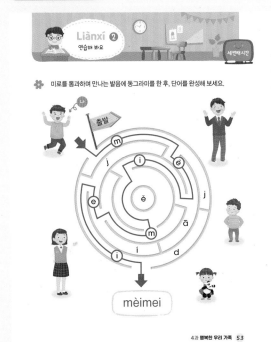

4과 55쪽

5과 61쪽

1 화살표가 가리키는 색에 해당하는 병음 스티커를 붙여 보세요.

chéngsè · lǜsè · huángsè

2 곰돌이 젤리 색에 해당하는 병음을 찾아 선을 연결해 보세요.

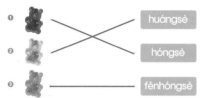

① huángsè
② hóngsè
③ fēnhóngsè

5과 63쪽

1 보기를 참고하여 병음이 나타내는 색으로 퍼즐을 칠해 보세요.

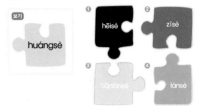

보기 huángsè ① hēisè ② zǐsè ③ tiānlánsè ④ lánsè

2 보기를 참고하여 한글 단어를 보고 떠오르는 색을 써 보세요.

보기 하늘 / 바다 / 청바지 — lánsè
눈사람 아이스크림 구름 — báisè
머리카락 연필심 밤하늘 — hēisè

5과 65쪽

보기의 색깔 중에서 골라 자유롭게 색칠을 한 후, 짝꿍에게 칠한 곳의 색을 중국어로 말해 보세요.

보기 hóngsè 빨간색 / huángsè 노란색 / lǜsè 초록색 / lánsè 파란색 / zǐsè 보라색 / hēisè 검은색

예시 정답

6과 71쪽

1 그림자에 해당하는 과일을 찾아 선을 연결한 후, 과일 이름 스티커를 붙여 보세요.

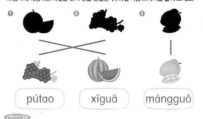

pútao · xīguā · mángguǒ

2 병음에 해당하는 과일 스티커를 붙여 과일나무를 완성해 보세요.

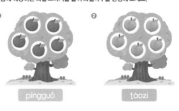

píngguǒ · táozi

6과 73쪽

판다는 어떤 과일을 먹으러 가는 걸까요? 미로를 통과해서 찾은 과일의 이름을
보기에서 찾아 써 보세요.

보기 bōluó júzi xiāngjiāo cǎoméi

bōluó

6과 새콤달콤 맛있는 과일 73

6과 75쪽

Zuò yi zuò
재미있게 활동해 봐요
네 번째시간

탕후루 만들기

과일 스티커를 붙여 탕후루(과일 꼬치)를
만들어 보세요.

① 병음에 알맞은 과일 스티커를 붙여 탕후루를 만들어 보세요.

② 좋아하는 과일 스티커를 붙여 나만의 탕후루를 만들어 보세요.

예시 정답

추가 활동 105쪽 활용하세요

6과 새콤달콤 맛있는 과일 75

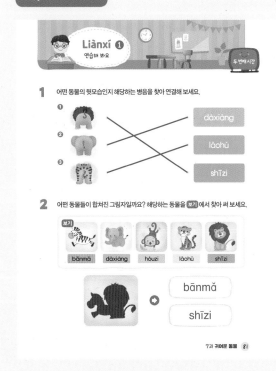

7과 81쪽

Liànxí ❶
연습해 봐요
두 번째시간

1 어떤 동물의 뒷모습인지 해당하는 병음을 찾아 연결해 보세요.

① dàxiàng

② lǎohǔ

③ shīzi

2 어떤 동물들이 합쳐진 그림자일까요? 해당하는 동물을 보기에서 찾아 써 보세요.

보기 bānmǎ dàxiàng hóuzi lǎohǔ shīzi

bānmǎ
shīzi

7과 귀여운 동물 81

7과 83쪽

Liànxí ❷
연습해 봐요
세 번째시간

1 잘 듣고, 빈칸에 해당하는 발음을 채워 동물의 이름을 완성해 보세요. 🔊 7-5

① tù z i

② h é m ǎ

2 어떤 동물의 신체 일부분일까요? 해당하는 동물을 찾아 ○ 표를 한 후,
이름을 써 보세요.

보기 ▶ xióngmāo

① ② ③

7과 귀여운 동물 83

Zuò yi zuò
재미있게 활동해 봐요

네 번째 시간

판다 완성하기

신체 부위 스티커를 활용해 판다를
완성해 보세요.

105쪽 활용하세요!

7과 귀여운 동물 **85**

Liànxí ❶
연습해 봐요

두 번째 시간

1 화살표가 가리키는 신체 부위를 그린 후, 해당하는 부위를 보기 에서 찾아
써 보세요.

보기   yǎnjing   zuǐ   bízi

❶ yǎnjing
❷ bízi
❸ zuǐ

2 신체 어느 부위에 사용하는 물건일까요? 보기 에서 찾아 써 보세요.

보기   yǎnjing   tóu   ěrduo

❶ ěrduo   ❷ yǎnjing   ❸ tóu

8과 소중한 나의 몸 **91**

Liànxí ❷
연습해 봐요

세 번째 시간

1 잘 듣고, 발음에 알맞은 그림을 연결한 후, 발음을 완성해 보세요. 🎧 8-5

❶ j ǎ o i
❷ ǒ sh u
❸ p u p ì g

pìgu
jiǎo
shǒu

2 화살표가 가리키는 신체 부위에 해당하는 병음 스티커를 붙여 보세요.

❶ shǒu
❷ jiānbǎng
❸ xīgài
❹ jiǎo

8과 소중한 나의 몸 **93**

Zuò yi zuò
재미있게 활동해 봐요

네 번째 시간

친구 그리기

앞에서 배운 신체 부위 단어를 활용해 친구 모습을
그려 보세요.

활동 방법
❶ 작은 또는 모둠원들이 돌아가며 신체 부위 단어를 말하면서 해당 부위를 그려요.
❷ 친구의 모습이 완성되면 색연필로 예쁘게 꾸며요.

준비물 연필, 색연필

예시 정답

105쪽 활용하세요!

8과 소중한 나의 몸 **95**

추가 활동

1과
25쪽

활동

(짝꿍) 성조 몸으로 표현해요

활동 방법

❶ 두 명씩 짝을 지어 한 명이 a 발음으로 네 가지 성조 중 한 개의 성조를 발음해요.

❷ 다른 한 명이 몸으로 해당 성조를 표현하여 맞춰요.

❸ 성조를 틀리게 표현하면, 다른 친구에게 순서가 돌아가요.

❹ 가장 많이 맞힌 친구가 승리해요.

2과
35쪽

활동

(모둠) 성모 카드 찾기

활동 방법

❶ 책상 위에 성모 카드를 펼쳐 놔요.

❷ 선생님이 발음하는 성모를 찾아 빠르게 카드를 들어요.

❸ 가장 많이 찾은 모둠이 승리해요.

3과
45쪽

활동

(모둠) 369 게임

활동 방법

❶ 중국어로 1부터 숫자를 부르는데, 3, 6, 9가 들어가는 숫자의 경우 숫자를 부르는 대신 손뼉을 쳐요.

❷ 이때 틀린 사람은 탈락해요.

❸ 가장 큰 숫자까지 말한 사람의 모둠이 승리해요.

4과
55쪽

활동

(모둠) 스무고개

활동 방법

❶ 모둠 대표는 앞에 나와 가족 중 한 명을 생각해요.

❷ 모둠원은 모둠 대표에게 한국어로 질문을 해요.
예) 나보다 나이가 많아?

❸ 모둠 대표는 예, 아니오로만 대답하고 모둠원은 중국어로 맞혀요.

❹ 제한 시간 동안 가장 많은 정답을 맞힌 모둠이 승리해요!

5과 65쪽

활동

활동 방법

(모둠) 귓속말 전달하기

❶ 모둠을 나누고 한 줄로 나란히 서요.

❷ 선생님이 제시한 단어를 귓속말로 옆 모둠원에게 전달해요.

❸ 마지막 모둠원은 정확한 발음과 성조로 발음해요.

❹ 제한 시간 동안 가장 많은 단어를 맞힌 모둠이 승리해요.

6과 75쪽

활동

활동 방법

(모둠) 과일 이름 이어 말하기

❶ 한 친구가 중국어로 과일 이름을 말해요.

❷ 다음 친구가 앞 친구가 말한 과일 이름과 자신의 과일 이름을 이어 말해요.

❸ 순서를 잊어버린 친구들은 탈락하고, 끝까지 남은 친구가 승리해요.

7과 85쪽

활동

활동 방법

(모둠) 동물 스피드 게임

❶ 모둠 대표는 앞에 나와 동물을 한국어로 간단히 설명해요.

❷ 정답을 아는 친구는 중국어로 동물 이름을 말해요.

❸ 제한 시간 동안 가장 많은 정답을 맞힌 모둠이 승리해요.

8과 95쪽

활동

활동 방법

(모둠) 코코코 놀이

❶ 다 같이 손가락을 코에 대고 '비쯔 비쯔 비쯔'라고 말해요.

❷ 선생님 혹은 한 친구가 중국어로 신체 부위를 말하면 그 부위를 손가락으로 가리켜요.

❸ 끝까지 틀리지 않고 남아 있는 친구가 승리해요.

이 이 이 이
쉿 쉿 쉿

얼 얼 얼 얼
브이 브이 브이

싼 싼 싼 싼
양 양 양 양 (간지럽히다)

쓰 쓰 쓰 쓰
니 하오 (경례)

우 우 우 우
파이쇼우 (박수치다)

리우 리우 리우 리우
웨이 웨이 웨이 (여보세요)

치 치 치 치
야 야 야 (오리입)

빠 빠 빠 빠
빵야 빵야 빵야

지우 지우 지우 지우
헌 커아이 (귀여움)

스 스 스 스
스터우 지앤따오 뿌 (묵찌빠)

성모 바퀴

운모 바퀴

학습 활동 자료 _스티커

2과 연습해 봐요   31쪽

b	p	m	f	d	t

n	l	g	k	h

3과 연습해 봐요   41쪽

1

yī	èr	sì

2

4과 연습해 봐요   51쪽

bàba	māma	nǎinai

yéye

nǎinai

bàba

māma

gēge

jiějie

dìdi

mèimei

wǒ

wǒ

huángsè

chéngsè

lǜsè

1

pútao

mángguǒ

xīguā

2

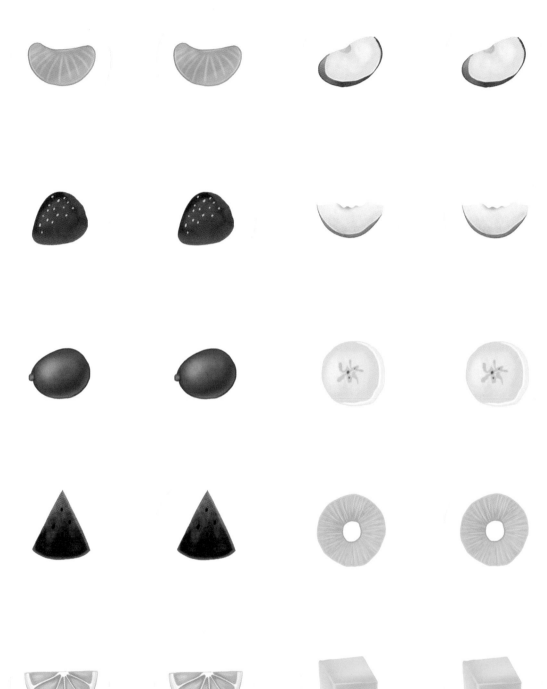

xīgài

shǒu

jiǎo

jiānbǎng